Wolfgang Höllriegl

Wenn Shakespeare und Goethe Bridge gespielt hätten

Wolfgang Höllriegl

Wenn Shakespeare und Goethe Bridge gespielt hätten

Ein heiterer Versuch, Dichtern und Schriftstellern, die über Bridge nichts geschrieben haben, zu unterstellen, sie hätten das getan.

4. Auflage

IDEA

Die Deutsche Bibliothek – CIPEinheitsaufnahme

Wolfgang Höllriegl
Wenn Shkespeare und Goethe Bridge gespielt hätten
Wolfgang Höllriegl – Palsweis, IDEA 2022

ISBN 978-3-88793-104-9

Bibliografische Information der Deutschen Nationalbibliothek:
Die Deutsche Nationalbibliothek verzeichnet
diese Publikation in der Deutschen Nationalbibliografie;
detaillierte bibliografische Daten sind im Internet über
dnb.d-nb.de abrufbar.

Umschlaggestaltung: Mia Design, München
ISBN 3-88793-104-1

ISBN 978-3-88793-104-9

www.idea-verlag.de

Inhaltsverzeichnis

Wenn im »faulen« Staate Dänemark das Bridgespiel ein wichtiger Sport gewesen wäre, hätte Shakespeare seinen Hamlet auch diesen Monolog sprechen lassen können...

Coeur oder Karo – das ist hier die Frage!
Ob's edler im Gemüt, Pik-As zu opfern
oder Treff-Zehn, aus Vorsicht gegen Nords
Fallstricke, der mit einem Sans eröffnet –
erkennend, dass des Partners Miene bleich!
Wie sich denn wappnen gegen Hinterlist?
Ist Widerstand noch möglich nur mit Damen?
Wenn doch die Buben Asse wären! Schmach!
Kein Punktekonto rettet Gegenspiel!
Dann das Gespöttel aus der Schar der Neider,
falls uns ein großer Schlemm misslingen sollte
oder sechs Sans dem Feind drei Faller schenken!
Es macht die Angst Feiglinge aus uns allen,
auch fürchtend Hohn und Wut des eignen Partners,
wenn, in Gefahr, er falsch markiert sich fühlt.
Von des Gedankens Blässe angekränkelt,
fehlt uns der Mut zu kühnerem Gebot!
Doch sieh – da naht Ophelia, das Nymphlein.
Im Kloster suche Schutz! – Doch wenn du spielst:
in dein Gebot schließe mein Coeur mit ein.
Ich passe! – Nein! – Und ja doch: Contra!

Wenn Thomas Mann an einem Bridge-Seminar teilgenommen hätte, hätte er sich am Ende der Veranstaltung so bedankt:

Indem ich, zwar nach wie vor noch immer nicht entspannt, eher sogar noch etwas ermattet, wenn auch im Grunde frohen Mutes, hier und jetzt, am Ende der von blutdrucksteigernder Spannung reizvoll durchsetzten, obwohl doch auch immer wieder durch Augenblicke plötzlich aufwallender Verärgerung getrübten Tage im großartigen Davos, wo es sich so herrlich angenehm und voll Bewunderung verweilen lässt, das Wort ergreife, um mit dem gebührenden Respekt, aber ebenso voll ehrlicher Zuneigung, dabei dem Bridge als solchem und im besonderen Maße dem hier gespielten und gelehrten hohe Ehre zollend – um, wobei ich des hiesigen Ortes historische und gesamteuropäisch-kulturelle Bedeutung nicht unerwähnt lassen möchte – um, wie schon angedeutet, Ambiente, Gastlichkeit und Betreuung, Genüsse des Speisens mit eingeschlossen, zu rühmen, aufrichtig und gewissenhaft, wie es einem Chronisten geziemt, vor allem aber das leitende und lenkende Team, dessen Korrektheit, Organisationstalent, Humor und nie erlahmender Eifer die Übungsstunden und Turniere – einerlei ob Partner- oder Individualturniere, ja sogar Teamturniere (letztere stets eine ganz besondere Herausforderung darstellend) – zu einem Erfolg mit nachhaltiger Wirkung auf die Leidenschaft zum Bridge einerseits, auf künftige Veranstaltungen dieser Art andererseits gemacht haben, will ich nicht nur aus tiefstem Herzen Dank sagen, sondern auch der Hoffnung Ausdruck geben, dass wir uns – möglichst vollzählig und im Geiste kameradschaftlicher und von der Liebe zum Bridge getragenen Verbundenheit bereit finden, uns bei weiteren beglückenden Bridge-Seminaren oder Bridge-Reisen – wo immer auch – wiederzusehen.

Ephraim Kishon

Die beste Ehefrau der Welt beim Bridge

Beim Bridge sollten Ehepartner nicht zusammen spielen. Katastrophen seien oft kaum zu verhindern, behaupten Experten. Für meine Ruth und mich gilt das allerdings nicht. Bei uns ist das anders, ganz anders als beispielsweise bei den Goldsteins. Wenn die Goldstein mit ihm spielt – er spielt erbärmlich, aber er muss –, zischt sie spätestens nach dem dritten Board: »Goldstein, du Mörder meiner Enkel! Noch eine so meschuggene Reizung, und ich lass mich scheiden!« – Die Goldsteins sind seit 30 Jahren verheiratet, und seit 30 Jahren spielen sie zusammen Bridge. Wie oft hat er schon geseufzt: »Was straft mich Gott mit einem Weib, das kann so gut spielen Bridge! Hätt er ihr doch geben können die Gabe des Kochens!«

Ich dagegen habe zu klagen nicht nötig. Ich habe die beste Ehefrau der Welt. Sogar beim Bridge. Doch doch!

Kürzlich spielten wir gegen ein höchst interessantes Paar: gegen Herrn Leo Gaudi und die Gräfin Fuchswurm von Hohenschrottstein.

Die Fuchswurm-Hohenschrottstein hat ein Gesicht wie der Frühling von Botticelli, dazu aber einen Kurzhaarschnitt, der aussieht, als hätte sie ihn selbst geschnitten, im Dunkeln, und mit geschlossenen Augen. Die Blässe ihrer Stirn verspricht einen IQ von mindestens 125. Und beim Spielen macht sie ihre Augen ganz schmal. Weiter unten bleibt sie immer breiter, etwas breit sozusagen, je tiefer, desto breiter.

Herr Gaudi ist ein eindrucksvoll männlicher Typ, jugendlich wirkend. Sonnengebräunt. Golfspieler. Sobald er mit jemand ins Gespräch kommt, ist seine erste Frage: Spielen Sie auch Golf?

Wir nehmen also Platz. Da flüstert mir die beste Ehefrau der Welt zu: »Was für a schöner Mann!« – Natürlich ärgert mich die Bemerkung. Aber natürlich nur ein bißchen, weil nämlich es gibt unter den Frauen in unserer Verwandtschaft ein Sprichwort: Wenn ein Mann schön ist, kommt er zu teuer.

Ich muss auch gleich daran denken, was der Torberg erzählt von der Tante Jolesch aus Prag, die gepflegt hat zu sagen: Was ein Mann schöner ist als ein Aff, ist ein Luxus. Herr Gaudi hat ausgeteilt. Ich schau auf mein Blatt: Pik-As, sonst nichts.

Teller in einem der feinen Lokale, wo man bekommt für sündhaftes Geld ein kunstvolles Arrangement für die Augen, aber nicht für den Magen. Nicht mal eine Zehn, von der unser großer Meister Bartowski sagt, die Zehn könne sein eine hohe Karte, manchmal.

Herr Gaudi strahlt Übersicht aus. Die beste Ehefrau der Welt lächelt ihm zu, anhimmelnd süß. Er drückt die Brust heraus und zieht – ich bitte Sie – im Sitzen den Bauch ein. Die Fuchswurm-Hohenschrottstein hat schon schmale Augen. Man sieht sie denken. Herr Gaudi legt fröhlich »2 Pik«. Die beste Ehefrau der Welt stöhnt verhalten, offenbar unhörbarhörbar, zögert kaum, und paßt. Die Gräfin springt – »Stop« – mit unbewegter Miene auf 5 Pik.

Jetzt bin ich an der Reihe. Aber was soll ich sprechen? Die meinige hat mir eingebleut: Ephraim, sagt sie, egal was is – einmal musst du immer sprechen. Positiv!

Aber wie soll ich sprechen positiv, oder fragen, was sie wissen möchte, wenn ich nicht weiß, was die richtige Frage ist. Denk ich immer daran, wie zwei Studenten gekommen sind zum Rabbi und haben gefragt, ob man, wenn man die Thora studiert, dabei auch rauchen darf. Nein, hat der Rabbi gesagt, wer die Thora studiert, darf dabei nicht rauchen. Sagt mir der Rabbi später, hätten die beiden gefragt, ob sie, wenn sie rauchen, dabei auch noch in der Thora lesen dürfen, hätt ich sagen können »ja«, weil man in der Thora immer und überall lesen darf, was immer man tut.

Also was? Da seh ich, dass die beste Ehefrau der Welt aufgesetzt hat ein ganz trauriges Gesicht, ein ganz bestimmtes Gesicht, unsere Gesellschaftsmaske Nr.4, was heißt bei uns: Lügen. – Nun, ich greife die rote Karte: Contra!

Herr Gaudi kann ein höhnisches Grinsen kaum verbergen und legt mit weltmännischer Geste »6 Pik«. – Die Fuchswurm-Hohenschrottstein zuckt mit der linken Augenbraue. Die beste Ehefrau der Welt aber legt mit ihren kleinen dicken Fingern elegant »7 Treff«.

Die Fuchswurm-Hohenschrottstein wird unten noch breiter. Herr Gaudi wirkt um Jahre gealtert. – Was soll ich Ihnen sagen: Wir haben gemacht 7 Treff , weil sie hatt' alle 13 Stück.

»Ephraim« sagt sie nachher zu mir, »du hast gespielt wie ein Gott, wie David, der hat geschlagen den Goliath! Ich bin stolz auf dich!«

Wer zweifelt noch daran, dass sie die beste Ehefrau der Welt ist. Sogar beim Bridge!

Wenn Goethe in seinem »Faust« das Gretchen hätte mit Faust, Mephisto und Wagner Bridge spielen lassen...

Gretchen am Spinnrad

Meine Ruh ist hin, mein Herz ist schwer,
ich finde sie nimmer, ach nimmermehr.
Bin so verzweifelt, bin so beschämt,
ich hab meinen Fausti beim Bridge vergrämt.

Meine Ruh ist hin, mein Geist verwirrt,
ich hab mich so oft schon beim Reizen geirrt,
ich reize sechs Sans ganz ohne Asse –
und statt eines Contra sage ich Passe.

Meine Ruh ist hin, mein Puls wie tot,
wie fühl ich mich von Mephisto bedroht!
Es brennt mir der Busen, mein Schoß wie verklemmt –
fast 40 Punkte, und ich hab nicht geschlemmt.

Meine Ruh ist hin, mein Herz ist schwer,
ich finde sie nimmer, ach nimmermehr.
Ob Multi, ob Stayman, ob Blackwood und Gerber,
je länger je schlimmer – für Fausti nur Ärger.

Meine Ruh ist hin, mein Kopf so leer,
erst Impass, dann Expass, ich fass' es nicht mehr!
Ach Fausti, mein Fausti, Geliebter mein!
Lass doch das teuflische Bridge endlich sein!

Spiel nicht mehr Bridge – denk an mein Coeur allein!

Goethe / Faust I / Prolog im Himmel

Die Erzengel, andere Engel und anderes »Gesinde« sind entlassen; zurückgeblieben: Mephisto

Mephisto:

Da Du, o Herr, erlaubst, dass auch ich frage,
gestatt' ich mir die eine oder andre – Klage!
Wer Sport treibt, den bedaur' ich sehr,
doch wer dem Bridge sich widmet, umso mehr.
Der Tropf, der arme, wie er übt und übt –
und, wenn's drauf ankommt, alles nur versiebt.
Er dünkt sich Routinier, ja Meister,
schon kläglichste Gewinne preist er.
Ein Wurm, so scheint mir's, möcht der Schlange gleichen!
So überheblich ist der Torheit Zeichen.
Ein wenig Schlauheit hätt' vielleicht sein Spiel verbessert,
doch ist ihm der Verstand verwässert:
Gehorsam, ehrfurchtsvoll studiert er alle Regeln.
Fast besser wär's, er ginge einfach kegeln.

Der Herr:

Kennst Du den Faust?

Mephisto:

Den Champion?

Der Herr:

Meinen Schüler!
Trotz seines Strebens seh ich ihn oft irren,

wenn Konventionen ihn verwirren.
Bridge gut zu spielen, ist ein edler Drang!
Um seine Treue ist mir niemals bang.

Mephisto:
Ich weiß, er müht sich fair um jeglichen Kontrakt.
Wie wär's, ich böt ihm einen Pakt?
Wenn meine Tricks die Gegner schikanieren,
sie werden stets mit Saus und Braus verlieren.
Er braucht' sich nie mehr zu erregen,
ich werd ihm Schlemm- und Vollspielkarten legen.
Mit mir als Partner lässt sich's lustvoll freuen.
Ich wett', er wird es nie bereuen.
Nun geht es mir, auf dass ich's nicht verhehle,
zum Schluss, mir zum Triumph, um seine Seele.

Der Herr:
Die Wette gilt – und Contra – Stop und Top!
Was Du auch immer wagst, wird letzten Ends zum Flop.
Er hat den freien Willen zu entscheiden,
den letzten Fehltritt wird er stets vermeiden.
Und wenn umsonst Dich plagst, komm ja nicht stören:
Dann will ich Dich nur höllwärts rasseln hören!

(Die Himmel schließen sich – der Herr entschwindet...)

Mephisto:
Von Zeit zu Zeit geh ich mich gern beschweren,
doch nur zum Scheine lass ich mich belehren.
Die großen Herren sind so eigen –
drum muss der Teufel listig Demut zeigen.

Heinrich Heine

Liebchen beim Bridge

Ich weiß nicht, was soll es bedeuten,
dass Du so bös zu mir bist.
Vorbei sind doch die Zeiten,
da ich Dich noch nicht geküßt.

Gern lass ich die anderen munkeln,
für Bridge wärn wir beide zu dumm.
Ich seh Deine Augen funkeln
und bleibe ganz bieder und stumm.

Was schert mich das Reizen mit Trümpfen,
ob Karo, Treff, Coeur oder Pik:
die andern die Nase rümpfen,
wir hätten nicht Können noch Glück.

Doch nach dem Bridge, mein Liebchen,
da sind wir ein Vollspiel-Paar!
Im Bettchen in meinem Stübchen –
bist Du ganz mein mit Haut und Haar.

Rainer Maria Rilke

Herbst des Bridge-Spielers

Herr, es ist höchste Zeit!
Der Abend dauert schon so lang.
Mein Partner reizt mich ständig viel zu hoch –
ich seh mein Blatt und mir wird bang.

Gib mir doch auch einmal ein gutes Spiel,
mit Damen, Königen und vielen Assen!
Ach Gott, wo bleiben die Figuren nur –
die Zahl der Faller ist kaum noch zu fassen.

Wer jetzt nicht starke Nerven hat,
wird Bridge und alle Welt verfluchen
und bleich vor Zorn und nach dem Herzinfarkt,
wird er sich einen bessren Partner suchen.

Theodor Fontane

Herr von Ribbeck auf Ribbeck im Havelland

Herr von Ribbeck auf Ribbeck im Havelland,
ein Bridgetisch unterm Birnbaum stand,
und kamen Besucher von irgendwo her,
da sprach der von Ribbeck: Ich bitt' um die Ehr!
Sie sind zum Tisch unterm Birnbaum geladen,
ein Spielchen Bridge kann niemand schaden!

Herr von Ribbeck auf Ribbeck im Havelland,
er lehrte sein Spiel mit List und Verstand,
und wem ein guter Kontrakt geglückt,
dem wurden im Herbst dann Birnen geschickt,
goldgelb und groß und saftig süß.
»Havellands Beste« auf den Kistchen es hieß.

Herr von Ribbeck auf Ribbeck im Havelland,
vor allem bei Kindern viel Freunde er fand,
und manche lütt Dirn unter seiner Leitung,
hat viel getan für des Bridgespiels Verbreitung,
und mancher Bursche, von ihm unterwiesen,
ward später als Meister im Bridge gepriesen.

So sorgte von Ribbeck im Havelland
für Bridge und den märkischen Obstversand!

Friedrich Schiller
Einer Reise in den Harz gedenkend....

Wanderer, kehrst du vom Harz nach Hause, verkünde du habest seltsame Wesen gesehen, vertieft in absurdes Gebaren.

Farbfrohe Schnitzel Papiers legten sie kunstvoll zusammen, steinern das Antlitz, oft auch mit stierem beschwörendem Blick.Anstatt in lockrem Geplauder edle Gedanken zu tauschen, wie sich's der Sitte nach ziemte für scheinbar erwachsene Menschen, brechen das Schweigen sie nur mit unverständlichen Lauten magischer Formeln , so scheint es. Denn »Contra« und »Coeur« vernimmt man, düsteres Pik und Kreuze sind offenbar wichtige Zeichen, Unheil verkündend ein »Top«! Gebridged wird, so raunen die Stimmen.Scheint's doch gewisslich zu sein Getümmel verkleideter Hexen, statt auf dem Tanzplatz am Brocken im gastlichen Gothischen Hus.

Kräfte sie sammeln, so deucht mir, für künftige Nächte Walpurgis. Klingelt dann eine, so schwirren sie, wilden Insekten gleichend, wechselnd die Plätze erregt, dem geheimen Ritus gehorchend, um dann sofort wieder schweigend dem zaubrischen Bann zu verfallen.

Wanderer, folg meinem Rat und meide die Hexen gar sorgsam: sonst wirst du selber ein Bridger und süchtig nach teuflischem Treiben!

Christian Morgenstern
Palmströms Erfindung

Palmström hat sich für gewisse Stunden
ein besondres Bridge erfunden:
Auf Coeurs Karten sechs bis zehn
will er hübsche Damen sehn,
rassig und mit Qualitäten
für die Farbenmajestäten.

Coeur hat demnach volles Spiel,
weil die Damen mit Gefühl
– kommt des Gegners As von Norden –
Gegners Könige ermorden.
Droht dann Süd mit Sans Atout,
schlagen die Blondinen zu.

Palmström übt so weise Politik:
Coeur siegt stets hoch über Pik.
Schwarzhaar, Rotschopf, Blonde, Braune
lässt er trumpfen, je nach Laune,
weil, so denkt er messerscharf,
stets nur Lust gewinnen darf.

Kurt Tucholsky

Man möchte immer...

Man möchte immer nur ganz starke Hände spielen,
schon bei des Gegners Angriff sich als Sieger fühlen,
bei jedem Board allein den Top erzielen:
Doch was du haben willst, bekommst du nie!
C'est la vie!

Man möchte seinem Partner voll vertrauen,
nur Zuversicht in seinen Augen schauen,
an falscher Reizung nie zu lange kauen:
Doch was ein Wunschtraum ist, erfüllt sich nie.
C'est la vie!

Man möchte nie mehr Nervenflattern haben,
viel lieber sich am Frust der Gegner laben
und ihnen lästig sein wie Küchenschaben.
Doch Großmannssucht rentiert sich nie.
C'est la vie!

Samuel Beckett
Warten auf Godot

Wenn der Vorhang aufgeht: Bühne in sehr hellem Licht. Man sieht eine schier grenzenlose, sandbraune Ebene unter einem leeren Himmel. In der Mitte der Bühne ein verkrüppelter knochenweißer Baum, kahl bis auf ein paar dürre Blätter im Geäst, etwa 13 Stück. Am Stamm ein verwittertes Holzschild, mit Pfeil in eine Richtung: Lavinthal.

Von links nähert sich müden Schrittes Vladimir, von rechts Estragon, den rechten Fuß bewußt vorsichtig auftretend. Beide Männer mittleres Alter, nachlässig gekleidet.

Als sie sich vor dem Baum gegenüberstehen, sagt Vladimir : »Aha!«

Estragon, ihn von oben bis unten musternd: »Also Du auch! «

Vladimir, zuerst sich umschauend, dann die Äste des Baums betrachtend, schließlich das Schild fixierend: »Weiß man sicher, dass ER kommt? «

Estragon: »Wenn er doch telegraphiert hat! Vielleicht, heißt es. Man sagt so!«

Er setzt sich auf den Boden, zieht sich den rechten Schuh aus, dann den Socken, betrachtet seine Zehen, fährt mit dem Zeigefinger der Rechten zwischen die Zehen, hält den Finger unter die Nase: »ER lässt uns möglicherweise warten. Aber wir können ja Bridge spielen. Sportlich. Individualturnier. «

Vladimir, der ihm interessiert zugeschaut hat: »Bridge. Davon hab ich schon gehört. Aber Indivu..–was?«

Estragon: »Einfach. Man legt sich die Karten. Jeder hat 13 Stück.« Er zieht sich langsam wieder Socken und Schuh an.

Vladimir, offenbar nach einer Denkpause: »Na sowas!« Er sucht in den Taschen seiner Kleidung herum und zieht schließlich aus einer Hosentasche ein großes zerknittertes Taschentuch heraus, legt es ausgebreitet auf den sandigen Boden...

Estragon wedelt mit der Hand vor der Stirn, andeutend, dass er Vladimir für nicht ganz normal hält...

Vladimir, wie entschuldigend: »Damit die Karten nicht schmutzig werden.«

Estragon : »Depp Du! Wir müssen doch im Kopf spielen, weil wir gar keine Karten haben.«

Vladimir, wieder nach einer Denkpause: »Na sowas! Aber ich zumindest könnte ja Blätter statt Karten nehmen – schau – (er beginnt die Blätter zu zählen) 1 2 3 .. zwölf! (stockt) Schade!«

Estragon: »Lass den Unsinn! Ich erkläre es Dir. Paß auf! Ich sage zum Beispiel ›1Pik‹- (Vladimir kichert ›Pik Pik ihr Hühnerchen‹) Depp! Ich sage also '1 Pik", weil ich fünf Pik-Karten habe und 13 Punkte. Du hast keine Pik-Karten, nur Karos und sagst: ich muss passen. Dann sage ich ›6 Pik‹, mache 12 Stiche und habe den Kontrakt gewonnen.«

Vladimir: »Na sowas! Aber wieso eigentlich?«

Estragon: »Meine Piks sind doch höher als Deine Karos!«

Vladimir: »Toll! Aber jetzt bin ich an der Reihe! (Er hat das Taschentuch aufgehoben und hält es wie eine Fahne mit dem rechten Arm hoch über den Kopf) Ich sage 2 Pik – und weil Du 'ich muss passen' sagst, – habe ich 26 Punkte und gewinne den Traktat doppelt so hoch.«

Estragon: »Falsch! Du hast wieder verloren. Ich habe nämlich 6 Coeur, und das sind wieder 12 Stiche für mich.«

Vladimir lässt das Taschentuch enttäuscht fallen: »Scheißspiel!«

Estragon erhebt sich. Beide schweigen.

Vladimir zieht unter der Jacke eine Eieruhr hervor, hält sie gegen den Himmel: »Das dauert. ER verspätet sich.«

Estragon: »Mach mich nicht nervös. Spielen wir weiter.«

Vladimir: »Gut. Jetzt habe ich alle Piks und alle Coeurs.«

Estragon: »Du bist und bleibst ein Depp! Ich spiel die Multi-Konvention mit lauter Treff und reize einen Schlemm!!«

Vladimir schleudert die Eieruhr weg: »Was heißt Schlemm! Sag doch gleich Schlamm! Schlimm! Und das soll sportlich sein?«

Ohne dass es die beiden merken, wird das Licht dunkler.

Eine Stimme, zornig: »Schlimmer als schlimm! Wenn ihr nicht bridgen könnt, kommt ER nie. Und wenn Ihr in alle Ewigkeit warten würdet!« Estragon und Vladimir erschrecken, sacken in sich zusammen.

Licht völlig aus – Schwärze – Totenstille – Vorhang...

Thomas Bernhard
Aus »Wittgensteins Neffe«

Wenn Wittgensteins Neffe, mein Freund, Bridgespieler wäre, was er nicht ist, wie ich weiß, weil er nicht Bridge spielt, wäre er, falls er doch einmal Bridge spielte, nur ein x-beliebiger Bridgespieler, der aussieht wie Wittgensteins Neffe, der Bridge spielt, ohne es zu können. Wittgensteins Neffe ist aber eben kein Bridgespieler, weil er als Neffe Wittgensteins, also als Neffe des großen Philosophen und Mathematikers, die Philosophie und vor allem die höhere Mathematik im Bridge nicht vorzufinden meint. Er vertritt damit eine Meinung, die Bridgespieler, so sie wirkliche Bridgespieler sind, als für das Bridge nicht relevant ablehnen. Nun kommt aber die dem Bridge innewohnende Logik mit kleinerer Mathematik aus, unter Verzicht auf Philosophie und höhere Mathematik, die Wittgensteins Neffe, falls er je Bridge spielte, vorzufinden verlangte. Für Wittgensteins Neffen wären auch Namen wie Gerber oder Stayman oder Blackwood nur leere Begriffe, weil sie sich nicht zufallsfrei auf zuverlässige mathematische Schritte bezögen, und Ausdrücke wie zum Beispiel Schlemm, einerlei ob kleiner oder großer Schlemm, von ihm als primitiv und dem möglichen Inhalt unangemessen, verachtet würden, auch dann, wenn er Bridge spielen würde, was er natürlich als Nicht-Bridger nie täte. Wittgensteins Neffe als Bridgespieler, wenn er also tatsächlich Bridge spielte, hätte gegen die Taktik des Reizens, einerlei mit welcher Ober- oder Unterfarbe, gewichtige Vorbehalte, weil er in der Taktik des Reizens, entgegen der Logik, die Bridgespieler dem Bridge zusprechen, nach wie vor ein Zufallsprinzip wirksam sähe. Deshalb spielt Wittgensteins Neffe nie Bridge, selbst wenn es so aussähe, als spielte er es. Für Wittgensteins Neffen ist also Bridge kein Thema.

Wiener Kabarett mit Qualtinger Trawnitschek und der Bridge-Club

Brunner: Was, Trawnitschek, machen Sie, damit Ihnen nicht fad wird?

T: WollenS' mich frotzeln? Fadisieren tu ich mich nie. Nur eine fade Fragerei geht mir auf'd Nerven.

B: Sie sind ein Schelm, Trawnitschek. Aber es könnte ja sein, dass ...

T: Kusch! Dann geh ich ins Café BOHEMIA zum Bridge.

B: Und das hilft?

T: SpielenS' mir nicht den Blödian, Brunner! Sie wissen's eh' wie's geht. Da sitzen die vier um an Tisch mit dem grünen Deckerl, palavern nicht, legen die Karten hin und her, und machen stiere Gsichter, so leer wie die Fenster vom Arbeiter-wohnheim in Hernals, wenn die Rollos unten san.

B: Und das interessiert Sie?

T: Schauen Sie, schauen Sie! Da ist der Tisch mit dem Hofrat Pernegger. Das is Ihnen ein depperts Würschtl –, aber ein kultiviertes. Der geht Ihnen nicht mehr ins Burgtheater, weil der Peymann ein Piefke is.

B: Der is halt wirklich kultiviert!

T: No na net! Der schreibt Ihnen Coeur mit K-Ö-H-R, weil: ein echter Österreicher denkt, redet und schreibt auch österreichisch. Die Baronin Schmeichel, was seine Partnerin is, zerfranst sich vor Begeisterung. Und ihr zuliebe schreibt er auch Karo mit C, weil er immer im Sommer an die Riviera fährt, und da hört er die Papagalli zu den Angeflirteten sagen »mia cara«. Und er schreibt sogar Cara. Die Schmeichel errötet jedesmal und spielt am liebsten 5 Karo, auch wenn sie drei Sans spielen könnt.

B: Das is a Hetz! Und wer is noch dabei?

T: Da hammer die Rosi, die Tochter vom Bankier Pfundstern. Schon a bissel überfällig. Dafür hat sie soviel Brillanten an den Fingern und an den Ohrwascheln, dass man geblendet is, wenn man hinschaut. Wenn der Pernegger schreiben muss, legt sie die Pratzen breit auf den Tisch. Dann verschreibt er sich fast immer.

B: Charmant!

T: Was heißt charmant? Die Pfundstern hat den Charme von an Sack Zement und a Stimm' wie a Schrapnell, und wenn sie Contra sagt, fallen der Schmeichel manchmal die Karten aus der Hand.

B: Klassisch, Trawnitschek! Und die Nummer vier im Quartett?

T: Der vierte ist der Zahnarzt Dr. Dr. Jedlitschka. Auf den steht die Rosi. Wenn ich den anschau, das erspart mir den Besuch im Burgtheater und in der Josephstadt sowieso.

B: Aha! der Herr Dr. Dr. ist auch ein Schauspieler!

T: Nix da! Er signalisiert.

B: Was tut er?

T: Er signalisiert. Schauen Sie: Fährt er mit dem Finger über den Schnurrbart von rechts nach links: mindestens 6 Coeur, von links nach rechts: mindestens 6 Pik. Zeigefinger rechte Wange: garantiert drei SA, linke Wange: garantiert nur 1 SA: Linkes Auge reiben: unbedingt passen; rechtes Auge reiben: weiterreizen!

B: Na hören Sie! Das müssen doch die andern merken.

T: Das macht er raffiniert! Er wechselt die Seiten nach jedem Board

B: Ja so – und die Pfundstern ist eingeweiht.

T: Das schon, aber es is eh wurscht! Sie kann rechts und links nicht unterscheiden.

B: Und mit solchen Leuten spielen Sie?

T: San S'deppert? Ich pflege nicht zu spielen. Bridge muss man nicht spielen, man muss es nur beherrschen.

B: Um Gottes willen, was machenS' dann dort im BOHEMIA?

T: Schauen Sie! Ich hab mit der Chefin vom BOHEMIA eine

Absprach. Wenn ich komm, kann der Swoboda Ferdi, was der Sohn von unserer Hausmeisterin is, drei freie Stunden machen. Ich vertritt ihn, und er kann zu seinem Gspusi, von dem seine Frau Mutter nichts wissen darf.

B: KönnenS' denn gut den Kellner spielen?

T: Leicht! Die Herrschaften pflegen kaum was zu konsumieren, meist nur a Siphon zum Anfang. Nur der Jedlitschka braucht immer wieder einen Ouzo, weil ihn das an seinen Urlaub auf Mykonos erinnern tut. Was glaubenS', wie der nach dem dritten Glas signalisiert!

B: Trawnitschek, Sie wollen mir einen Bären aufbinden. Wie kann ein so feiner Bridge-Club so was dulden!

T: Aber schauen Sie : KennenS' denn nicht unsern schönen österreichischen Slogan »Der Papa wird's schon richten«? Der Herr Vater von der Rosi ist doch der Präsident und der Mäzen vom Club! – So, und jetzt geh ich ins BOHEMIA! Habediehre!

Deutscher Kitsch: Imogen Brünner (Pseudonym):
Zwei Herzen im Schlemm
(1.Kapitel eines Fortsetzungsromans)

Claudine van Bergen errötete. Wie ein purpurner Schimmer huschte es über ihr liebreizendes Antlitz, wie ein zarter Kuss, den die scheidende Abendsonne der Stirn des Himmels aufdrückt. Ihr Busen bebte, unter ihrer schneeweißen Seidenbluse zeichneten sich seine Rundungen wie eine geheimnisvolle Ebbe und Flut ab. Kaum wagte sie, mit den von langen Wimpern verborgenen rehbraunen Augen aufzublicken, als sie sah, welches Gebot ihr Gegenüber und Partner an diesem Bridge-Abend (sie selbst war Süd, er, der von ihr heimlich Angebetete, Geliebte, war Nord), der erfolgreiche Chirurg Gregor Fabritius, aus der Bidding-Box zog: Fabritius legte die Karte »1 Coeur« auf das grüne Tuch des Tisches. Claudines Blick umkoste die wunderbar runden Kuppen der schmalen und doch so kraftvollen Pianistenfinger, tastete sich dann über die goldblonden Härchen des Handrückens und die leuchtenden türkisfarbenen Manschettenknöpfe bis hinauf zu Gregors Gesicht, dessen ebenmäßige Züge ihr wie aus Haselnuss farbigem Marmor gemeißelt schienen. Sie wagte es, mutig in seine Augen zu blicken, und da war es ihr, als durchbohrte sie deren Strahlen wie zwei silberne Lanzen, wie Laserstrahlen aus den Waffen der Zyklonen in dem Film »Moonkiller II«.

Claudine fühlte, wie sie innerlich erzitterte. Wie sollte sie diese Erregung verbergen können vor ihrem Bruder Manfred, dem Hotelier des renommierten Hotels »Seerose«, der auf Ost saß, und vor West, dem wuchtigen Carl Gustav

Maria Steinbrecher, dem Sprecher der Landtagsfraktion einer bedeutenden Volkspartei, dessen Intelligenz sogar von der Opposition anerkannt wurde und den die Medien in heiterem Spott wegen seiner 120 kg mit dem Slogan »Masse als Klasse« bedachten?

Aber Claudine blieb nur für Augenblicke das Opfer der in ihr tobenden Gefühlslawine – ihre gesunde Natur erkannte die Chance: hatte Gregor mindestens 5 Coeur-Karten und mindestens 13 Punkte, so hatte sie ebenfalls 5 Coeur-Karten und dazu Pik-As single, kein Karo und von Treff As König Dame Bube Zehn! Mit unnachahmlichem Charme bewegte sie ihre Hand – Gazellensprünge in Zeitlupe –, zog zuerst die rote Stop-Karte und dann, Gregor anblickend, das Kärtchen mit dem Aufdruck »6 Coeur«. Während Steinbrecher tief durchschnaufte und Bruder Manfred leise mit der Zunge schnalzte, blitzte es in Gregors Augen auf, zuckte es um seine männlich-kraftvollen Lippen. Hatte er vielleicht Claudines Geständnis ihrer seligen Leidenschaft erkannt? Würde es am nächsten Morgen, denn auch Claudine war als Gast auf Gregors Yacht »Stella Maris« zu einem Törn eingeladen, zu einer ersten Annäherung kommen?

Als Gregor Fabritius seiner Partnerin den Coeur-Fit, da sie beide das gleiche Spiel hatten, in beeindruckender Gelassenheit bestätigte, war es Claudine, als wäre Bridge zur Brücke über die Abgründe geworden; zur Brücke ins Paradies.

Konnte sie aber ahnen, welch schwere Prüfungen ihrer Liebe noch auferlegt würden? (Fortsetzung folgt)

Bertolt Brecht
Geschichten von Herrn B. und Herrn Keuner

Als Herr B. endlich Bridge spielen gelernt hatte, und sogar mit einigem Erfolg, bemühte er sich, Bridge seinen Parteifreunden als für den Kommunismus besonders geeigneten Denksport zu empfehlen und nahezubringen. Es gelang ihm trotz aller eindringlichen Erläuterungen nicht, die Parteifreunde zu überzeugen. – Als Herr Keuner davon hörte, sagte er: »Herr B. versteht viel vom Kommunismus; aber wenig vom Bridge!«

Lange Zeit hatte Herr B. eine Abneigung gegen Kartenspiele überhaupt, obwohl er sich manchmal der Aufforderung von Bekannten, beim Skat mitzuspielen, nicht entziehen konnte. Als man ihm einmal anbot, ihm Bridge beizubringen, weil es ein intelligentes Spiel sei, das genaues Denken verlange, lehnte er nach den ersten Erläuterungen ab. Es könne nicht intelligent sein, wenn Könige noch einen so hohen Wert hätten. Skat als Spiel sei gerade noch annehmbar, weil da die Buben das Sagen hätten.

Als Herr B. dann doch begonnen hatte, Bridge zu spielen, wählte er nach den ersten Erfahrungen bei Turnieren nur bekannt schwache Spieler als Partner. Darauf angesprochen, warum er nicht versuche, starke Spieler zur Partnerschaft zu animieren, sagte er: »Zu gewinnen schafft Befriedigung, zu verlieren empört. Aber nur die Empörung bringt uns voran! «

Herr B. begegnete auf der Straße einem Bekannten, den er schon längere Zeit nicht getroffen hatte. Auf des Mannes Frage, wohin er denn gehe, antwortete Herr B., er begebe sich in seinen Club zum Bridge. Der Mann erstaunte: »Verschwenden Sie damit nicht Ihre Zeit? « – Herr B. blickte ihn ernst an: »Im Gegenteil! Ich übe mich in der Beobachtung, wie andere ihre Zeit vergeuden. Daraus lässt sich lernen, wie man es nicht tun darf.«

Ein ihm befreundeter Kriminalkommissar erzählte Herrn Keuner, er habe es mit einem seltsamen Mordfall zu tun. Für die Ermordung eines reichen Geschäftsmannes kämen vier Damen in Frage, alle vier hätten jedoch ein Alibi für die Tatzeit. Bei einer der Verdächtigen müsse das Alibi aber falsch sein, er könne nur nicht herausfinden, bei welcher.

Herr Keuner sagte: »Lassen Sie die Damen ein paar Runden Bridge spielen. Diejenige, die sich am wenigsten erregt, hat am meisten zu verbergen.«

Herr B. kritisierte Herrn Keuner wegen seiner Teilnahme an Spiel-Abenden eines Bridge-Clubs, der viele ältere Mitglieder hatte. Ob es ihm denn Vergnügen bereite, in der Regel nur von älteren, bestenfalls mittelalterlichen Damen umgeben zu sein, die sich doch sicher nicht durch besondere Lebhaftigkeit auszeichneten. »Sie sehen das völlig falsch!«, sagte Herr Keuner, »Umso mehr hole ich mir Appetit auf jüngere und ganz junge Damen!«

Bert Brecht

Lied von der Unfähigkeit des Menschen, im Bridge wahre Meisterschaft zu erreichen

Das Bridge-Spiel lebt vom Hirn,
doch's Hirn gibt nicht viel her,
auch hinter einer Denkerstirn
denkt sich's nicht allzu sehr.
Denn für kühnstes Bieten
ist der Mensch ein feiger Tropf,
also gibt's nur Nieten,
hohl klingt dann der Kopf.

Ja, plan mit Coeur und Pik,
selbst Karo wird dich trügen,
Treff As bringt dir dann auch kein Glück,
du ahnst, wie Karten lügen.
Auch für Groß-Schlemm-Spiele
gleitest du auf schiefer Bahn,
sicherste Gefühle
nutzlos sind und Wahn.

So strample dich nur ab,
Bridge wirst du nie verstehn,
erfolglos bis ins Grab hinab
wird's Reizen dir vergehn.
Denn für Meisterehren
ist der Mensch nicht abgefeimt genug,
Hohn und Spott dich lehren:
Bridge ist nur ein Trug.

Sir Conan Doyle
Sherlock Holmes und der Mord am Bridgetisch

An dem Tag, an dem die Geschichte vom Bridge-Mörder für uns begann, hatte sich der Nebel so dick in die Baker Street gelagert, dass man meinen konnte, es sei früher Abend und niht erst später Vormittag. Kaum dass man die gegenüberliegende Häuserfront erkennen konnte. Wir mussten Licht brennen lassen. Während ich in alten Aufzeichnungen blätterte, stand Holmes am Fenster, mit dem Rücken zu mir, hatte die Hände in die Taschen seines weiten Hausrocks vergraben, seine Pfeife stand quer aus seinem Mundwinkel. Er schien angestrengt, ja lauschend in das Grau da draußen zu starren. Ohne sich umzudrehen, sagte er plötzlich: »Wenn Sie schon in Ihren Notizen suchen, Watson, helfen Sie meinem Gedächtnis auf die Sprünge. Das Datum, vor zwei Jahren, als Lady Winterbottom ermordet wurde – war es nicht wie heute der 5. November?« –

Ich stutzte, weil Holmes' Gedächtnis untrüglich war und seine Frage daher etwas anderes bezweckte. Ich fand meine Aufzeichnung sofort: »Ja, der 5. November, der Karten-Mord. Der Täter wurde nie gefaßt. Ich erinnere mich gut – arme Lady Rose. Sie hielt in ihrer Kurzsichtigkeit die Glückwunschkarte, die ihr ein Bote überbracht hatte, so dicht vor die Augen, dass sie das geheimnisvolle Gift, mit dem die Karte besprüht war, einatmen musste.« Holmes wandte sich um und nahm die Pfeife aus dem Mund. »Sie irren sich, lieber Watson, leider, aber es ist Ihnen nicht zu verübeln. Lady Rose starb nicht durch das Einatmen des Giftes. Erinnern Sie sich: Ich erkannte die bläuliche Färbung der dünn gewordenen Haut an den Fingerspitzen. So war das Gift in ihren Körper gelangt. Der Tod muss nach wenigen Minuten eingetreten sein. Zum Glück hatte Chief Inspector Derringer klugerweise die Karte mit einer Pinzette angefaßt und aufbewahrt.«

Leute wie Derringer haben zwar wenig Phantasie und Intuition, aber ihre Ordentlichkeit ist oftmals eine große Hilfe!«

Holmes hatte wie immer recht. Er legte die Pfeife in den großen silbernen Aschenbecher. »Heute ist ein Jahrestag. Und vorhin ist eine Droschke vorgefahren, haben Sie das Geräusch nicht gehört?«

In diesem Augenblick klopfte es an der Tür. Auf Holmes' Herein trat unsere Haushälterin ein und hinter ihr zwängte sich ein Constable ins Zimmer. »Sir«, sprudelte er hervor, »verzeihen Sie, aber Chief Inspector Derringer bittet Sie dringend, so schnell wie möglich nach Cormick House zu kommen. Die Droschke wartet auf Sie.«

»Lady Eliza ist etwas zugestoßen, nicht wahr?«, sagte Holmes, mehr als Feststellung denn als Frage.

»Ja, Sir, sie und drei Herren sind tot. Am Bridge-Tisch.«

Holmes warf mir einen Blick zu. »Haben Sie gehört, Watson?« – Es war Holmes' Blick, mit dem er mich immer ansah, wenn er intuitiv eine Situation erfaßt hatte.

Wir waren schnell angekleidet und reisefertig. Dabei war es mir nicht entgangen, dass Holmes ein paar besondere Handschuhe in der Tasche seines Mantels verschwinden ließ.

Die Fahrt nach Cormick House dauerte etwa 20 Minuten. Holmes schwieg, wie es seine Art war, mit Ausnahme eines einzigen Satzes, der mir wie die Spitze einer Kette von Überlegungen erschien: »Dass jemand aus der Familie der Winterbottoms Greese heißen kann?«

Ich selbst nutzte die Zeit, indem ich mir ins Gedächtnis rief, was ich über die Lady Rose zu wissen glaubte. Sie war die

Witwe nach Sir Edward Winterbottom und hatte nur noch eine einzige Verwandte, ihre Nichte Eliza, die Tochter ihres Bruders Robert. Er wie alle anderen Winterbottoms waren verstorben, so dass das riesige Familienvermögen ihr zugefallen war. Ich erinnerte mich auch, dass von einem Ronald Greese die Rede war, aus irgendeiner Seitenlinie derer von Winterbottom, der jahrelang in Südamerika für verschollen galt, aber etwa einen Monat nach Lady Winterbottoms Tod in London aufgetaucht war.

Derringer erwartete uns schon ungeduldig am Eingang und führte uns in das Spielzimmer im ersten Stock, wobei er versicherte, dass am Ort der Tat nichts verändert, nichts angerührt worden sei, schon gar nicht die Bridge-Karten des letzten Spiels auf dem grünen Tuch. Was wir erblickten, war in der Tat seltsam.

Um den in der Mitte des nicht allzu großen Zimmers stehenden Bridge-Tisch saßen vier Gestalten – d.h. saßen ist ein falscher Ausdruck. Admiral David Crouch, der väterliche Freund von Lady Eliza, ein hagerer Mann um die 80, thronte aufrecht wie eine Kleiderpuppe in seinem Armsessel, das Gesicht verzerrt, die linke Hand an die Brust gepreßt, die rechte lag zur Faust geballt auf dem Tisch und hielt eine zerknüllte Karte. Zu seiner Linken hing Lady Eliza selbst schief in ihrem Stuhl, den Kopf weit nach hinten geworfen, Augen offen, die Arme schlaff zur Seite herabhängend. Dem Admiral gegenüber erkannten wir Mr. Dunes, den bekannten Bridge-Meister des Chelsea Bridge Clubs. Er lag, nach vorn gesunken, den Kopf fast auf der Tischplatte, die linke Hand von sich gestreckt, flach zur vierten Gestalt hin, mit den Fingerspitzen eine Karte gerade noch berührend. Am seltsamsten wirkte die vierte Gestalt. Ein großer schwerer Körper hing fast quer über den Stuhl, so als hätte dieser Mann nie gesessen, sondern wäre auf irgendeine Weise auf diesen Platz hingelegt worden

Derringer sagte, der Mann sei Charles, der Butler des Admirals. Das habe er von der Köchin erfahren, die die Toten gefunden und die Polizei benachrichtigt habe. Die Köchin habe auch ausgesagt, dass sie an den Bridge-Abenden, an denen Charles seinen Herrn begleitet habe, stets frei bekommen habe und zu ihrer Schwester nach Reading gefahren sei. Den Mr. Dunes kenne sie gut. Er habe manchmal Bekannte aus seinem Club als vierten Spieler mitgebracht. Es seien verschiedene Herren gewesen, den Stimmen nach zu urteilen. Ob Charles auch mitgespielt habe, dazu könne sie nichts sagen. Auf die Frage, ob sie weitere Bridge-Besucher kennengelernt habe, gab sie an, ein entfernter Verwandter habe Lady Eliza hin und wieder seine Aufwartung gemacht, ob als Bridge-Spieler oder aus anderen Gründen, wisse sie nicht.

Wie es seine Art war, vertiefte sich Holmes schweigend in die Gegebenheit und ließ seine Augen prüfend umherschweifen. Nach einigen Minuten zog er die bewussten Handschuhe an und untersuchte die Fingerkuppen und Handflächen der Toten, soweit es ihm möglich war, ohne eine Veränderung an den Körpern vorzunehmen. Er zog aber die Handschuhe bald aus und wandte sich fast entschuldigend an Derringer, der ihn staunend beobachtet hatte. »Wie nachlässig von mir! Ich habe im ersten Moment an den Karten-Mord gedacht, an Lady Rose, aber warum sollte der Mörder beim zweiten Mal haargenau so vorgehen wie beim ersten Mal. Das Gift – und es handelt sich mit Sicherheit um Gift – kam nicht durch die Spielkarten. Wenn Sie den Portwein dort in der Karaffe und in den Gläsern untersuchen lassen, wird man das Gift finden, falls es überhaupt ein uns bekanntes Gift ist.« Derringer konnte einen Fluch nicht unterdrücken. »Warum, zum Teufel, hat sich der Butler aber auch getötet?«

Holmes schien seine Worte nicht zu beachten. Er begann, alle Karten offen hinzulegen, so dass das ganze Board vor Augen lag, wie wenn man es analysieren wollte. Derringer und ich sahen Holmes in äußerster Konzentration. »Ha«, entfuhr es ihm, nachdem er die Karten eine Weile studiert hatte, »ein guter Bridge-Spieler wird hier eine unglaubliche Partie erkennen. Sehen Sie, Watson, Süd, also von der Seite, wo sich Charles befindet, wurde mit 1 SA eröffnet – ein 14–16 SA – Nord, Lady Eliza hat 2 Karo gesprochen – ganz klar bei diesem Sachverhalt:

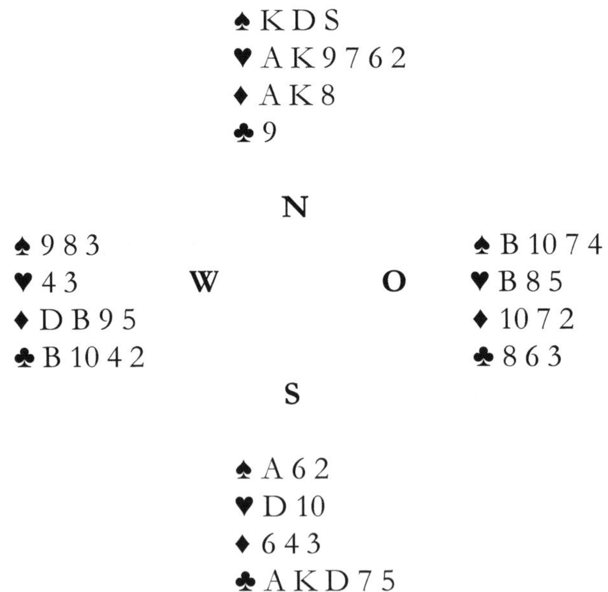

Ost und West, wie man sieht, hatten nichts dagegen zu setzen, so dass die Reizung folgendermaßen weitergegangen sein muss: Süd 2 Coeur – Nord 4 Treff, zeigt die Kürze an – ein Bravo der Lady – Süd 4 Coeur – Nord 4 Sans – Süd 5 Pik – fabelhaft – Nord 5 Sans – Süd 6 Treff – und jetzt Nord 7 Sans. Die meisten hätten sich gewiss mit 4 Coeur begnügt. – Und weiter, sehen Sie: Angriff von West – die Karo Dame – Nord nimmt den König – Ost gibt die Zwei... dann Pik 5 von oben, Süd nimmt das As.. von da an sind die 13 Stiche nicht mehr zu verlieren ... und nun hier – nach Nords Ausspiel- Coeur As – Mr. Dunes, statt zu bedienen, legt Treff 8 – und wie – schräg nach links hin, so als wollte er auf etwas zeigen – ja, nur so kann es gewesen sein, er wollte sterbend noch einen Hinweis auf den Mörder geben ... aber der Butler ist es nicht!« Und Holmes beugte sich tief über die Leiche: »Hier, die gerötete winzige Stelle am Hals, hinter dem Ohr, ein kaum erkennbarer Einstich wie von einer Injektionsnadel... Derringer, wir haben es mit einem raffinierten Verbrecher zu tun. Der Mörder muss gewusst haben, dass der Butler im Haus ist und die Köchin ihren freien Tag hat – als die drei tot waren, hat er den Butler gerufen, hat ihm dort an der Tür aufgelauert, den Sterbenden in den Sessel geschleppt und zwar mit der Vorsicht, den Bridge-Tisch nicht in Unordnung zu bringen. Dann muss er ungesehen Cormick House verlassen haben. – Nur so kann es sich abgespielt haben!«

Holmes entspannte sich. Es entstand eine Pause, in der Derringer und ich nichts zu sagen wussten. Und wir waren auch überrascht, als Holmes plötzlich sagte: »Haben Sie, Derringer, nach Mr. Greese suchen lassen, jenen, wie man sagt, entfernten Verwandten der Lady?«

Derringer erwiderte, dieser Mr. Greese sei ihm nicht ganz unbekannt, er habe nach ihm geschickt, er wohne draußen in

Haggerston, führe ein sehr zurückgezogenes Leben, als eine Art Privatgelehrter, wenn man das so nennen dürfte. Selbstverständlich werde Mr. Greese verhört werden, ebenso die Mitglieder von Mr. Dunes' Bridge-Club.

Wir überließen Derringer und seinen Polizisten der Routine ihres Berufs, orderten eine Droschke und fuhren nach Hause. Holmes schwieg. Aber ich glaubte zu bemerken, dass es in ihm arbeitete. Zu Hause holte Holmes seine Geige und spielte die drei Partien für Solo-Violine von Johann Sebastian Bach, auswendig und virtuos wie immer.

Während des Abendessens zeigte er mir dann unvermittelt einen perlmuttfarbenen Manschettenknopf. »Niemand hat bemerkt, dass ich mich einmal bückte, um an meinen Schuhen etwas zu richten. Ich fand diesen Knopf im Teppich neben der Zimmertür. Der Mörder muss ihn verloren haben, als er Charles überfiel. – Aber man wird damit kaum etwas beweisen können. Die Fasern des dicken Teppichs haben alles verwischt. Und wen wollten Sie, lieber Watson, fragen, ob er vielleicht einen Manschettenknopf vermisst? «

Die nächsten Wochen verliefen, ohne dass sich Derringer mit irgendeinem Fahndungserfolg bei Holmes meldete. Keine Untersuchung und kein Verhör schienen eine brauchbare Spur erbracht zu haben, was die Presse missbilligend bemerkte. Inzwischen hatten auch die Bestattungen stattgefunden. An der von Lady Eliza hatte Holmes von fern und zu meiner nicht geringen Verwunderung mit Bart und Perücke verkleidet teilgenommen. Noch vor Weihnachten hatte Mr. Greese, den man als einzigen in Frage kommenden Erben festgestellt hatte, sein Erbe angetreten und war in Cormick House eingezogen. Es schien alles in bester Ordnung zu sein, bis auf eben die Tatsache, dass der Mörder nicht gefunden werden konnte.

Mitte Januar entfaltete Holmes eine höchst befremdliche und geheimnisvolle Tätigkeit. Und zwar wiederum verkleidet. Ganze Nachmittage und Abende war er unterwegs. Erst nach einiger Zeit und nachdem ich Stillschweigen gelobt hatte, gestand er, dass er alle Bridge Clubs in London und in der näheren Umgebung Londons besuche.

Soviel ich selbst wusste, gab es neben dem Club in Chelsea noch welche in St. John's Wood, Epsom, Richmond und St. Albans. Aber wie, so fragte ich mich, glaubte Holmes den Bridge-Mörder, wie wir ihn zu nennen pflegten, ausfindig zu machen?

Ende Februar reiste Holmes dann für drei Tage nach Rotterdam, wo, wie ich wusste, sein alter Freund van Maaren Kriminalhauptkommissar war. Wieder gingen einige Wochen ins Land, ohne dass Holmes mir Näheres über seine Unternehmungen mitteilte.

Eines Morgens Ende März überraschte mich Holmes beim Frühstück mit der Nachricht: »Heute Nachmittag werden wir Bridge spielen, Sie und ich und van Maaren und...und jetzt überlegen Sie mit wem noch. Ich hatte plötzlich eine Ahnung, zögerte aber mit der Antwort, worauf Holmes mit ironischem Lächeln sagte: »Stellen Sie sich nicht so naiv an, mein lieber Watson, Sie wissen es ja: mit Mr. Ronald Greese.«

Und dann eröffnete er mir seinen Plan. Er hatte schließlich in Richmond Mr. Greese als leidenschaftlichen Bridgespieler entdeckt, der sich sogar als Partner wohlhabender Leute verdingte, die gern gewinnen und als gute Bridgespieler gelten wollten. Greese's anfängliches Misstrauen konnte Holmes zerstreuen, und nicht nur das, es gelang ihm auch, sein Interesse zu wecken an jemand, der offenbar ebenso dem Bridge verfallen war wie er selbst. Schließlich hatte Holmes es soweit gebracht, dass Greese, einen finanziellen Gewinn witternd, ihn und zwei Freunde, von denen Holmes behauptet hatte, sie würden sich einen Kampf mit Greese und ihm etwas kosten lassen, zu einem Spielabend nach Cormick House einlud. »Sie werden«, sagte Holmes, »natürlich auch Chief Inspector Derringer treffen, wenn auch nicht gleich sehen. Denn ihn konnte ich ja nicht als Bridgespieler mitbringen, weil Greese ihn kennt. Aber Maaren ist ihm völlig unbekannt.«

Gegen drei Uhr holte uns van Maaren ab. Er sah aus wie ein wohlhabender Geschäftsmann, der seinen kleinen Lastern zu frönen pflegte. Starker Regen hatte eingesetzt, so dass die Fahrt in der Droschke, obwohl wir ja im Trockenen saßen, ziemlich unangenehm war. Cormick House sah bei diesem Wetter düster und abweisend aus. Ein Diener öffnete uns. Seine Höflichkeit schien mir übertrieben, und wenn es jemand wäre, mit dem ich zu tun hätte, würde ich ihm nicht über den Weg trauen. Er hatte auch so eine eigene Art, unsere Gesichter zu mustern, schien aber nichts Besonderes zu erkennen. Holmes' Perücke und Bart saßen perfekt.

Greese empfing uns in der Halle. Es fiel mir schwer, mir ein Bild seines Charakters zu machen. Mittelgroß, kräftig, im Gegensatz zu seinen breiten Schultern ein längliches Gesicht, grobhäutig, rotblondes buschiges Haar, die Augen kalt und unruhig, ja geradezu stechend. Seine Haltung gespannt, wie wenn er immer auf der Hut wäre. Ein Abenteurer, eine Spielernatur, schoss es mir durch den Kopf. Jemand, den man sich nicht zum Feind wünscht. Er begrüßte uns betont höflich, Holmes sogar wie eine Art Helfershelfer, mit dem man etwas vorhat.

Im Spielzimmer war alles vorbereitet, der Portwein angerichtet. Im ersten Augenblick war mir etwas unwohl zumute, eingedenk des Giftes jener Mordnacht, aber er schmeckte vorzüglich. Holmes, der übrigens als Mr. Bailey apostrophiert wurde, erbat sich die Gunst, ganz neue schöne Karten mitgebracht zu haben, dem Gastgeber zu Ehren.

Wir saßen dann so, wie Holmes es arrangiert hatte. Greese auf Süd, er auf Nord, van Maaren nahm West, und ich wurde auf Ost plaziert. Das erste Board erbrachte ein glänzend herausgespieltes 5-Karo für Greese, dann quälte ich mich mit 1SA, das mir nicht gelang, das dritte gewann van Maaren mit 4 Pik und 2 Überstichen, weil die Verteilung ihn so begünstigte. Holmes musste mit ihm das Vorgehen bei einer solchen Gelegenheit vereinbart haben, denn van Maaren tat so, als wäre der gewonnene Kontrakt geradezu ein Triumph seiner Spielkunst. Er bat Greese um ein weiteres Glas Portwein, um mit ihm anzustoßen. Greese schöpfte keinen Verdacht. Während die beiden Männer sich aus der Karaffe bedienten, vertauschte Holmes geschickt die bisher benutzten Karten mit einem neuen Paket. Er selbst teilte dann das neue Board aus. Die Reizung begann schnell. Mäßiger Bridgespieler, der ich bin, merkte ich natürlich nicht, dass die Reizung fast genau so zu verlaufen begann, wie damals, als Holmes die Karten auf dem Tisch der Lady Eliza analysiert hatte: 1 SA von Süd, 2 Karo von Nord, 2 Coeur von Süd, Nord 4 Treff, Süd 4 Coeur...aber da schien in Greese etwas vorzugehen, die Muskeln seines Gesichts zuckten, die Lippen spannten sich, er machte die Augen schmal und richtete plötzlich seinen Blick auf Holmes, prüfend, ja durchbohrend. Holmes blickte ihm seinerseits kaltblütig in die Augen und bot mit Gelassenheit 4 Sans. Es entstand eine unangenehme Pause. In die Stille hinein hörte man den Regen auf die Scheiben trommeln – ich spürte mein Herz klopfen. Dann legte Greese mit dem Wort »Passe« die Karten hin. Holmes Stimme werde ich nie vergessen, als er in äußerster Ruhe sagte: »Nun, Mr. Greese, warum bieten Sie nicht weiter? Sie kennen doch jetzt den Reizvorgang. Hatten Sie nicht genau dieses Spiel am Abend, als Lady Eliza ermordet wurde. Und außerdem haben Sie vorhin, genau wie damals, einen Manschettenknopf verloren.«

»Verdammt«, entfuhr es seinen Lippen, und unwillkürlich fuhr er mit der Linken an den rechten Ärmel seines Blazers, wo das Hemd eine Spur herausschaute. Zu spät erkannte er seinen Fehler. »Verdammter Hund, was fällt Ihnen ein«, und er wollte den Bridgetisch umstürzen und über Holmes herfallen, der ihn gerade noch mit einem gezielten Fausthieb gegen die Brust abhalten konnte. Aber da hatte van Maaren schon einen Pfiff ausgestoßen, Derringer und drei Polizisten stürzten ins Zimmer, Greese wurde überwältigt. »Wer, zum Teufel, sind Sie?« tobte er, kaum zu bändigen. Holmes, der seine etwas in Unordnung geratene Kleidung richtete, wandte sich, in vollendeter Gentleman-Manier an Derringer: »Danke für Ihre Hilfe, Chief Inspektor, ohne Ihre Tüchtigkeit wäre es uns nie gelungen, diesen schwierigen Fall zu lösen! Und Ihnen, Mr. Greese, darf ich meine Freunde und mich vorstellen«, und entledigte sich dabei des Bartes und der Perücke, »dieser Herr hier ist Hauptkommissar van Maaren aus Rotterdam, hier mein getreuer Freund M. Watson, und meine Name ist Sherlock Holmes, wenn Ihnen das etwas sagt.« – Greese stieß furchtbare Flüche aus, als man ihn abführte.

Der Rest ist schnell erzählt. Als man die Bewilligung bekam, Cormick House zu durchsuchen, fand man in einem Geheimfach der Kommode, die einst Lady Rose gehört hatte, eine Phiole mit dem Gift, das Greese aus den Tropen Südamerikas mitgebracht hatte und mit dem er sich in den Besitz des Vermögens der Winterbottoms versetzt hatte. Er wurde des fünffachen Mordes angeklagt und für schuldig befunden, denn schließlich hatte er auch gestanden, dass er selbst der Bote gewesen war, der Lady Rose seinerzeit die Glückwunschkarte überbracht hatte.

Derringer wurde von allen Stellen gelobt und sogar befördert. Als ich den Fall für meine Aufzeichnungen skizzierte, sagte Holmes: »Eines, lieber Watson, sollten Sie unbedingt anmerken. Fanatische Bridgespieler, die zu den kaltblütigsten Menschen zählen, lassen sich durch nichts aus der Ruhe bringen, es sei denn durch etwas absolut Absurdes oder dadurch, dass sie sich bei einem unverzeihlichen Fehler ertappt sehen. Und bei Greese, wie ich in Richmond feststellen konnte, kam allerdings eine nicht ungefährliche Neigung zum Jähzorn hinzu – ich müsste ein schlechter Psychologe sein, wenn ich nicht das Mittel herausgefunden hätte, einen so leidenschaftlichen und geldgierigen Spieler wie Greese zu überlisten.«

Auf meine Frage, ob er nun weiterhin Bridge spielen werde, sagte Holmes einen bemerkenswerten Satz: »Man muss nicht unbedingt Bridge spielen, aber man muss es können.«

Expressionismus:
(Jakob van Hoddis oder Alfred Lichtenstein?)

Bridge-Clubs Untergang

Ein letzter Cognac schlüpft in eine Kehle.
Der Sportwart weint und singt ein Abendlied.
Der Duft von Achselschweiß zieht durch die Säle.
Der Bridgeverein übt für den Suizid.

Mit Bidding-Boxen spielen Fußball Damen.
Viel dritte Zähne knabbern schon an Karten.
Urkunden fallen flatternd aus den Rahmen.
Ein Vorstand stranguliert sich selbst im Garten.

Um Re und Contra sich ein Pärchen prügelt.
Zwei Meisterspieler liegen schon im Koma.
Ein Sanitäter liest und Binden bügelt,
verbrennt dabei »Moral« von Ludwig Thoma.

Friedrich Nietzsche

Aus »Also sprach Zarathustra«

An meinem Bridgetisch am hohen Mittag sitz ich und harre des Übermenschen, des Über-Bridgers.

Feind bin ich allen schwächlichen Passern und geistlosen Punkte-Verprassern, allen törichten Nutznießern von Konventionen, deren Namen sie kennen, doch zu falschem Zeitpunkt nennen.

Verachtung habe ich für den, der das Trumpfen nicht übt mit selbstloser Sucht, das zum Ubertrumpf führt, und für den, der sich kläglich scheut vor der kühneren Reizung, die zum Überreiz zwingt, vor dem alle Reize verblassen. Freund bin ich allen, die den Überschlemm planen, das Übergebot, die Krönung des Überkontrakts.

Weh dem, dessen Kniee zittern beim Anblick der Asse des Gegners, der nicht gnadenlos will den Überoberweg für des Gegners Überuntergang.

Wahrlich, ich sage Euch: Kein Schlemm und kein Top allein eignet dem Überbridger, dem wahren Übermenschen. Er allein strebt nicht nur nach Top und Schlemm, sondern will eines nur: den Überschlemm und den Über-Top.

Also sprach Zarathustra.

Richard Wagner
Wotans Triumphlied aus »Rheinschlamm«

Was sieht mein sinnendes Auge voll Andacht:
Knallrote Coeurs prunkende Piks
fünfmal je Farbe tödlich drei Treffs!
Partner die Piks preist rotzfrech die Reizung
brünstiges Bieten zögert kein Zaudern.
Huldvoll grinsend höhnend der Gegner
klägliche Karos in harmlosen Händen!
Fröhlich der Fit und so weiß ich Gewinn:
Lustvoll lall' ich: Sieben Sans!

Gregor von Rezzori
Aus den maghrebinischen Geschichten: Der Kampf um Fatima

Maghrebiniens Jungfrauen, um die uns alle Welt beneidet, sind glutäugig, ihre schwarzen Haare glänzen wie Seide, ihre Lippen sind so rot wie Granatapfel, und mit ihrem zarten Fett erinnern sie an die Rundungen saftiger Birnen.

Eine dieser Jungfrauen hat in der ruhmreichen Geschichte Maghrebiniens eine besondere Rolle gespielt. Fatima, die Tochter des Effendi Buzinor Leptosomowitsch, war der Vollbusigsten eine, so daß um den Besitz dieser außergewöhnlichen Schönheit der heftigste Streit entbrannte: Sowohl Futimidis, Sohn und Erbe aus dem hochwohllöblichen Geschlecht der Pantakukuruz, als auch Kuskusan, Sohn und Erbe der Kriminalows, begehrten ihrer sehr und überboten sich nicht nur ständig im Kaufpreis (angebliche Ohrenzeugen raunten bereits von mindestens 20.000 Lewanzen oder 23 fetten Hammeln), sondern riefen schon nach einem Duell, alter Sitte gemäß einem Kampf mit Keulen aus dem Holz der Zeder.

Weise aber sprach da der Bojar Salomowskij, der weitgereiste: »Gemäß den verfeinerten Sitten, die jetzt nach dem Vorbild unserer westlichen Nachbarn gepflegt zu werden verdienen, geruht, Ihr Lieben, Abstand zu nehmen von roher Gewalt, denn wem nützte es, wenn einer von Euch mit eingeschlagenem Schädel tot darniederläge und der andere mit zertrümmerten Kiefern und fast erblindet im Asyl bei den Barmherzigen Mönchen durchgefüttert werden müßte.

Nehmt Euch ein Beispiel an der vornehmen Gesellschaft, sei es in Wien oder in London oder gar Warschau. Tragt den Kampf aus mit 12 Runden Bridge, jenem geistreichen Spiel der höchsten Kreise, die sich High Society nennen. Und wer dann von Euch, unterstützt von seinem Partner, am Ende mehr Punkte erzielt hat, der möge als Sieger Fatima in seinen Palast tragen lassen!«

Zwar hatten unsere beiden Rivalen nie mehr als nur den Namen Bridge gehört, geschweige denn jemals Bridge gespielt, aber sie fühlten sich als Gentlemen angesprochen, und scharfsinnig und leidenschaftlich, wie maghrebinische Jünglinge sind, waren sie überzeugt, nach einer Lektion durch Professor Ölgeber aus Klagenfurt, der für ein entsprechendes Bakschisch zu haben war, das Spiel schnell zu begreifen, waren sie doch beide Meister im maghrebinischen Bohnen-Skat, einem raffinierten und nur für Maghrebinier verständlichen Spiel mit großen, mittleren und kleinen Saubohnen.

Ölgeber wurde geholt, bekam von jeder Partei zum vereinbarten Bakschisch ein zusätzliches dazu und wurde zum Ruhme der maghrebinischen Gastfreundschaft mit mehreren Schüsseln Rahat Lüküm (das ist jene klebrige Süßigkeit, die das Denken der Männer faul und das der Frauen poetisch macht) vollgestopft; der Unterricht fand statt, der Tag des Turniers wurde auf den Tag des Hl. Nikophor, des Schutzpatrons der Scherenschleifer, festgesetzt.

Unter aufmunternden Gesängen der Anhänger beider Parteien traf man sich im Palast Pungaschilor (was heißt: Palast der Beutelschneider): Futimidis mit seinem Halbbruder Pribislav, Kuskusan mit seinem Vetter Tutu Smrd. Leider verzögerte sich gleich der Beginn des edlen Wettstreits, weil beide Parteien mit den eigenen mitgebrachten Spielkarten spielen wollten. Schließlich einigte man sich, beim Juden

Mardochaj (bei wem denn sonst?) neue Pakete Karten zu holen – nach freundlichstem Zureden gab dieser sie natürlich umsonst, wie es sich wohl gehörte –, und dann konnte das erste Board gereizt werden. Futimidis reizte hoch auf »6 Sans«, mit 30 Punkten in beiden Händen, aber als der Dummy gelegt war, stellte es sich heraus, daß Kuskusan und Tutu auf wundersame Weise die gleichen Asse hatten und sogar noch einen König mehr.

Schon schrie man empört nach den Keulen, die, dem HERRN sei Dank, doch vorher im Hamam hatten abgelegt werden müssen, als der Wojwode Kleptomanow, der zum Turnierleiter bestimmt worden war, damit drohte, Fatima selbst noch zu erwerben (denn ihre 15 Lenze seien noch erträglich für seine 77). Es gelang ihm so, die Gemüter zu beschwichtigen. Die ersten sechs Boards konnten also durchgespielt werden, korrekt, wie nach dem Unterricht durch Ölgeber nicht anders zu erwarten war.

Die Pantakukuruz, gestärkt durch mehrere randvoll gefüllte Wassergläser Slibowitz, ex-getrunken, reizten entsprechend feurig, entfesselt. Bei den Kriminalows erzielten die Flaschen Retsina nicht ganz die erwünschte Wirkung. Und so spielte Futimidis bis zur Halbzeit dreimal »4 Pik« (obwohl er nie mehr als 22 Punkte hatte und einmal sogar nur 16), während Kuskusan sich dreimal mit »3 Sans« zufrieden geben mußte. Da die Jünglinge beschlossen hatten, immer »in Gefahr« zu spielen (Maghrebinier haben den Mut von Löwen), führte Futimidis mit 60 Punkten.

Siegestrunken gaben sich die beiden Pantakukuruz der Zwischenmahlzeit hin: schön gegrillte fette Hammelhoden; die Kriminalows dagegen gingen mit bleichen Mienen und auf Ölgeber fluchend zur Beratung in den Vorsaal zum Harem.

»Wie kann das sein, daß der HERR uns so benachteiligt?«, klagte Kuskusan. »Warum bevorzugt er diesen Enkel eines räudigen Eunuchen, diesen Bohnen-Skat-Stümper Futimidis?«

Da sprach der weise Kalimaris, der alte Hofnarr des Bojaren Schakaljin, ein Onkel des Kuskusan: »Wohlan, Ihr Lieben, wodurch sind denn die Kriminalows so mächtig, so unüberwindlich geworden? Nicht etwa durch den Slibowitz, und auch nicht durch die Gewürze aus dem fernen Indien allein – nein! Durch den herrlichen Segen unserer Heimaterde, den göttlichen Knoblauch! Stärkt Euch damit! Rauschhafte Kraft wird durch Eure Adern pulsen, und der Duft Eures Atems wird wie ein Sturmwind Eure Gegner hinwegfegen!« – Also verzehrten Kuskusan und Tutu jeder drei große Knollen Knoblauch, schön zur Majonäse zermanscht, nach dem Rezept der Großtante Kopelia Leander – und ihr Atem gewann die Wucht eines Schirokko. Kaum war das siebte Board ausgeteilt, da klebten bereits Futimidis und Pribislav wie halbgelähmt an den Lehnen ihrer Stühle, die Karten vor ihren Augen begannen zu verschwimmen, Coeur wurde zu Karo, Treff zu Pik, ein Revoke folgte dem andern. Immer heftiger hauchten Kuskusan und Tutu ihre Kontrahenten an – bald gaben sie nur noch stammelnd, lallend ihre Gebote ab – und beim 12. Board sanken sie ohnmächtig zu Boden.

Vergeblich die Proteste der Pantakukuruz – die Kriminalows hatten einen gewaltigen Sieg errungen: fünfmal »geschlemmt« und einmal »5 Karo« im Contra! Solche Triumphe erlebt man eben nur in Maghrebinien!

Unter dem tosenden Beifall der Anhänger Kuskusans wurde Fatima von vier athletischen Trägern in einer knoblauchgeschmückten und mit Rosenwasser besprengten Sänfte in den Palast der Kriminalows getragen, in den Palast an der Kalea Fesin-Tacheles (was heißt: Palast der Taschendiebe). Die Kriminalows legten sich dann das neue stolze Wappen zu, das heute noch die Tore ihrer Paläste ziert: Auf purpurnem Grund unter einem großen schwarzen Pik drei silbernglänzende Knoblauchknollen.

Wolfgang Höllriegl

Haben denn Ringelnatz und Kästner Bridge gespielt?

Neue Versuche, Dichtern und Schriftstellern, die über Bridge nichts geschrieben haben, zu unterstellen, sie hätten das getan!

64 Seiten, Broschur, 15x21, ISBN 978-3-88793-139-1

„Wenn Shakespeare und Goethe Bridge gespielt hätten" - so hiess die erste Sammlung des Verfassers. Natürlich haben die beiden Genannten nichts über Bridge geschrieben, und Bridge war auch kein Thema für Heine, Fontane, Thomas Mann und andere bis hin zu Brecht und Beckett .Es wurde ihnen nur unterstellt.

Gleiches gilt für die Autoren des zweiten Bandes, für Ringelnatz wie für Kästner, für Tucholsky wie für Ionesco, für Lessing wie für Jonathan Swift. Wonach hätte sich Eichendorff sehnen können? War Bridge ein Testfall in einer psychiatrischen Anstalt? Welche Erfahrungen hat der brave Soldat Schwejk machen müssen?

Zum zweiten Mal werden hier heitere und auch ernster gemeinte Bridge-Unterstellungen vorgelegt und bieten für Bridge-Freunde wie für Literatur-Kenner auf ihre Weise eine kleine Stilkunde und Literaturgeschichte.